JÄGER des VERLORENEN SATZES

Das Buch für Wortgeschrittene

plus Bühnenklassiker & Handmalereien

Von allen Texten
sind die verhexxten
miram näxten.
Die find ich am bexten.

© 2018 Willy Astor

Illustration Umschlag: Rudi Hurzlmeier

Layout, Satz, Gestaltung: Harald Graf, Amberg

Druck und Bindung: Don Bosco Druck & Design, Ensdorf

ISBN 978-3-7698-2451-3

Querschnitt vom neuen 911er, vorbestellt von Bread Pit.

Erster Auftritt vor einem Melonenpublikum.

Manches ist nicht zu begreifen
sagt das Zebra mit den grünen Streifen.
Tja sagt die Sonne und zwinkte
sie hatte heut rote Punkte.

Kräuter die sind gut für 'n Bauch,
aber für den Schniedel auch.
Und wirst du von dem Reim jetzt rot,
dann mach dir doch ein Schniedelauchbrot.

Wenn ich heute meine Söhne in die Koje bringe, läute ich die Schiffsglocke und gebe das letzte Abendkommando: „Zieht das Fallschot hoch an Achtern und dann Kurs auf Zwo zwo Null!" ...und in Null Komma Nix landen sie im Bett.

Während damals ja quasi die Seefahrer die wenigen einzigen waren, die sich was auf ihre Brust haben tätowier'n lassen, machen 's mittlerweile sogar fast schon alle Fussballer, weil sie sich denken, dann segel ich leichter am Ball vorbei.

Seefahrer! Dieser Beruf ist für mich im Prinzip der mutigste Beruf der Welt – natürlich möchte ich hier Kolumbus, Vasco da Gama, Sir Francis Drake, James Cook und Störtebeker erwähnen, aber von seiner Abenteuerlust und seinem Scharisma ist für mich der weltweit grösste Seefahrer Sascha Hehn – wie der auf dem Traumschiff regelmäßig verwahrloste Frauen mit seinen Pfahlbauten in die Kajüte gelockt und vertäut hat.

Hafen der Ehe gesteuert bin – aber ich habe damals sogar schon bei der Prüfung zum Seepferdchen geschummelt indem ich Styroporkugeln in meinen Stringtanga eingenäht hab' und als erster 14-jähriger mein Abzeichen bekam (und nebenbei, es mit Stolz bis heute trage).

Wirklich bewundere ich die wahren Entdecker der Meere, vor allem die Segler, wie Rollo Gebhard, der mit seinem Einhandsegler die Welt umsegelte.

„Segeln ist die Fortbewegung eines Segelschiffes unter Nutzung der Windenergie" - so steht es im Duden.

Ich habe schon vor der WM 2018 immer gesagt, wer gegen Mexiko und Südkorea Land seh'n will, braucht eine gescheite Mannschaft!

Wissen Sie, warum ich mir bis heute merken kann, dass Steuerbord rechts ist? Weil immer wenn ich an der roten Ampel steh', hab ich festgestellt, dass mein Autonachbar in seiner Nase meistens mit der rechten Hand am Steuer bohrt, und des krasse Gegenteil vom Steuerbord ist ja das Sideboard.

SEEFAHRER

Ich hoffe, sie werden jetzt nicht seekrank vom Lesen, aber falls es jetzt bei Ihnen zufällig gerade schifft, schaukeln diese Zeilen leichter daher.

Bevor also Ihr geneigtes Interesse gleich abebbt, möchte ich Ihnen sagen: Seefahrer sind für mich die smutjegsten aller Wassermänner.

Sicher, Guiseppe Verdi hätte sich gewundert, dass es unzähligen Touristen während der Reise auf seiner Aida ins Kreuz fahrt.

Als Käpt'n von so einem Riesenschiff hast du ja auch eine Flut von Aufgaben neben der Verantwortung für die Besatzung.

Hut ab vorm Käpt'n Scettino von der Costa Concordia, der sich damals im Januar 2012, als seine schwimmende Luxus-Wohnsiedlung havariert ist, todesmutig und vorbildlich als erster ins Rettungsboot geschmissen hat.

Ich persönlich bin jetzt kein Mann für eine Yacht, auch wenn ich schon selbst erfolgreich in den

Ein bisschen französisch kann ich auch, so ist es nicht –
diese Schilder-Anordnung bedeutet:
Hier rechts ist der Pfarrer-Parkplatz von Monsigneur Moreri, und weil sich in letzter Zeit schon 30 andere da hingestellt haben, kriegt regelmäßig einen Rappel.

Ankleidekommoden abgelaufene Arzneimittel auf abgebrochene Andreaskreuze aufstapelten, argwöhnte Adalbert absurde Allmachtsfantasien, als Ausserirdischen-Anführer Anton Agamemnon aussergewöhnlich albern Agfafilm-Aufnahmen anordnete:

„Achtung - Arabische Aufnahme, allamalacha!"

Anschließend angelten affenartige Androiden absolut anstandslos abgegriffene amethystblaue Aktenordner, aber auch alle achtlos abgelegten Asterixhefte, ausser Ausgabe acht.

Als anderthalb Augustwochen after Allerheiligen alle Ausserirdischen am Abflugapparat antanzten, akkurat 88 Astronautenanzüge anlegten, Adalbert aufgeregt abklatschten, alsbald auflodernd am Abendhimmel abtauchten aufs All abhoben, artikulierte Adalbert aufgemuntert „Arrividerci! Alle abgereist, allerhöchste Aisenbahn"!

Abschliessend atmete Adalbert angenehm aus.

Applaus.

ADALBERT ADELSREITERS
AUSSERIRDISCHES AHA-ARLEBNIS

Am allerersten Augustabend Anfang August aß Ahnenforscher Adalbert Adelsreiter abermals aalglatte Andalusische Ananasalgen, appetitvoll angerichtet auf amarenakirschroten Alabasterschalen, als Adalberts Alarmanlage aufmerksam anschlug.

Adalbert assoziierte arglos Auspuffgeräusche - „Aha! Anscheinend ankommende Ankömmlinge aus Alabama", als auf Anhieb 88 achteckige abgerockte Ausserirdische anlandeten, angenervt ausstiegen, aggressiv an Adalberts

Ahorntür anklopften, anschließend absonderliche Aufschreie absonderten: „Abedieehre Alter! Attention!"

Augenblicklich attackierten arg aufkommende Angstattacken Adelsreiters Arbeitsalltag, alldieweil auch Adalberts angewärmte Angora-underware augenblicklich ambrafarbene Abortflecken anzeigte.

Als allerdings alle achteckigen Ankömmlinge abgenudelte Abba-Aufnahmen anhörten, auf alten

MONDSCHEINSONATE

Ich saß nachts auf der Bank,
als der Mondschein so nahte.

DIE HIRTEN UND DIE ANNELIES

Die Annelies, die kannte drei Hirten.
Sie redeten viel und annelieshirten,
annelieshirten mal das und mal dies,
die Hirten und die Annelies.

Dann machten sie einmal ein Experiment
und tranken ein Helles mit vielen Prozent,
dann nochmal ein Helles, aber ein schnelles,
ich sag ja, es war was Experiment-Helles.

Dann kamen die Tanten mit ihren Prothesen,
doch waren sie nie Prothestanten gewesen.
Eine der Tanten hieß Valerie K.,
weil sie mal bei der K. Valerie war.

Doch die war fit und schraubte ganz locker
ihr Bett ab, ganz ohne Betablocker.

dein Türschloss enteisen,
um deine Lenden wirbeln,
dich in der Wanne stöpseln,
mich mit deinem Busen brüsten,
deine Zehen nageln,
deine Ellen beugen,
und würd' es Kritiken hageln
tät' ich um deinen Nabel schnurren.

Ich schrieb für deine Achilles Verse,
würde deine Mandeln entzünden,
deine Zunge spitzen, dich aus Holz schnitzen,
was geheimes in deinen Po ritzen,
deinen Lungen Flügel verleihen,
in deinen Wäldern wildern,
deinen Bandscheiben einen Vorfall schildern,
und wenn ich am Ende noch deine Mutter male!

Das alles würd' ich tun, aber besorgt mir endlich jemanden,
der mir meine scheiss Abgabe frisst.

ABGABEFRIST

Hallo!?
Ist da jemand?
Ich suche jemanden, der meine Abgabe frisst! Ich krieg'
riesen Ärger, wenn ich nicht innerhalb einer Stunde meine
Lohnsteuer ausgleich!

Hallo!
Wenn mir jetzt jemand diese Abgabe frisst, mach ich alles!
Ich verkauf in der Herbstzeit Lose,
ich sammel im Schatten Morellen,
ich tät' fünf Teller Suppen würfeln,
einem eingefleischten Veganer einen Schinken vorlesen

Wenn nicht bald jemand für mich diese Abgabe frisst,
glaube ich, dass sich das früher oder später im Grund rächt!

Oder ist es euch lieber, wenn ich meine Probleme mit
Drogen kuriere?

Aber falls jemand für mich endlich diese Abgabe frisst,
ich schwör, dann schreib ich für deine Augen Lieder.
Ich würde auf deiner Schulter blättern,
auf dem Hügel deiner Venus eine Fahne hissen,
vor deinen Augen ein Kissen schlachten
oder einen Kampf mit Personen wagen,

.....und die ganz ganz Düne aus dem Magerzine

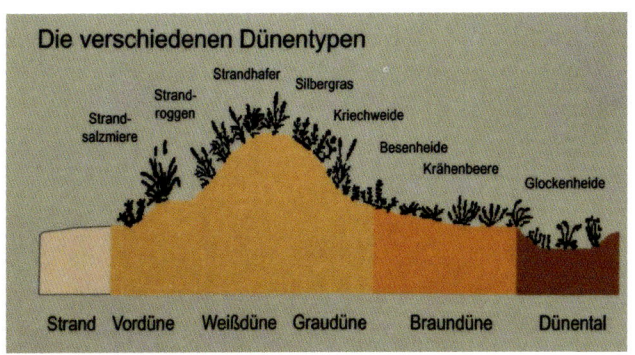

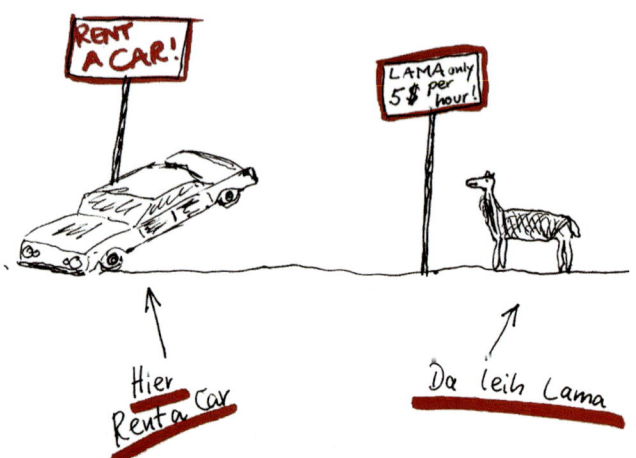

rantum die Ecke, streifte mit ihrem Ellenbogen einen Landschaftsmaler, schmiss dabei seine Flasche Terpentinn um.

Der Maler schimpfte, die Syltkröte schimpfte zurück und meinte, „halt die gosh!" „Hallooo", meinte der Maler, „sansi barscheuert?" Er lief ihr nach, sie hatte nur einen dünen Vorsprung und als er sie erreichte, sagte er, „Also, ich bin der Richard vom Cliff!" „Ach!?" sagte die Syltkröte „du bist also der Cliff Richard?"

„Also, sorry für das Malheur, aber hör mal heur – ich gebe heute ein Fest am Strand, gib mir bitte keinen Korb und schau vorbei, es keitum acht los!"

„Alles klar, bin dabei, meinte sie und sie legten sich gegenseitig ihren Am rum.

DIE SYLTKRÖTE

Im hohen Norden von Deutschland gab es eine Insel, die vom Meer umzingelt war – dort wohnte eine alte Syltkröte. Sie gehörte zu den bekampen Persönlichkeiten und wenn im Geldbeutel der Syltkröte Ebbe war, machte sie einen Munkmarsch und holte sich was auf der Sandbank.

Aber neulich war eine riesige Schlange vor dem Schalter und die Syltkröte dachte sich: „Ui! Da watten meer!"

Es war aber schon fünf Minuten vor 16 Uhr und sie wusste, die hörnum vier auf.

Vor ihr stand ihre Freundin Heide aus Lüneburg mit einem moosgrünen Hosenanzug, wie er nur wenning steht – endlich warn sie an der Reihe und während der Schalterbeamte langsam den Kto-stand vorlist, sagte die Syltkröte: „Man, reet dach schneller, ich morsum sieben zuhause sein, da kommt der Friesenkrimi Rufnord!" „OK" meinte er, „ich beeil mich!"

Auf seinem Namensschild stand: Berater Rupp. Berater Rupp gab ihr das Geld, die Syltkröte

MondNasaLisa

Richtig bekannt wurde der bayrische Wamsbier durch die Hochzeit mit seinem Handstaubsauger, der Vampirette. In seiner Brieftasche fand man zuletzt Autogrammfotos von Christopher Lee und Klaus Kinski.

Ferner ist er Ehrenmitglied beim FC Nosferatu und nebenbei engagiert er sich als Gitarrist in der Blutgruppe „Plasma".

Außerdem besitzt er überdimensionale Augen, riesige Kuller, die er stark verdrehen kann, die so genannten Drah-Kuller.

DER BAYRISCHE WAMSBIER

Wie hinlänglich bekannt sein dürfte, stammt der ursprünglichste aller Vampire aus Rumänien.

In den Karpaten war quasi deren Flagshipstore.

Als Blut-Wochennahrung benötigte der Ur-Vampir ungefähr sieben Bürger – und nach jeder Mahlzeit hatte er einen Blut-Tooth.

Bald hatten die Vampire Dr. van Helsing am Hals, bei seiner Jagd floh ein weiblicher Vampir (auch Vamp) nach Bayern und biss in Truchtlaching einen Jungbauern.

Blut war dann nicht mehr angesagt, die Nachfahren des Jungbauern bekamen im Laufe der Jahrzehnte große Bäuche durch den starken Hopfensaftkonsum und so wurde bald der bayrische „Wamsbier" der harmlose Nachfahre.

Doch mittlerweile ist der bayrische Wamsbier so gut wie ausgestorben. Hie und da trifft man noch einen auf dem Nockherberg beim Stark-Typ-Anbiss, wo er sich den typischen Trans-Sylvator aus dem Blutgefäß schmecken lässt – nach dem Motto o'zapft is.

WALWIEDERHOLUNG

Mach doch mal wieder Uhr Laub!

"WAL"

doch sagte dann der Betraham,
das Zebra braucht doch einen Nam!

Wie hört sich für euch Bab'ra an?
Doch da meinte Abraham,
ich finde zu dem Zebra
passt doch viel besser: Deborah,
dann is doch klar, meint Petra dann,
das Zebra kriegtn Doppelnam!

Und holte aus dem Ledersack
drei Liter Wein vom Tetrapak.
Sie hab 'n, als sie den Wein gesauft,
das Zebra Bab'ra Deborah 'tauft.

Später hat der Abraham nackt
die Petra auf dem Zebra 'packt.

Der Betraham hat weggeschaut,
dem Tetrapak sich anvertraut
und als der nächste Morgen war,
an diesem kalten Februar,
lag Petra mit ihr'm Wonderbra
vorm Zebra Bab'ra Deborah
am Boden mitten drin im Schlamm,
mit Abraham und Betraham.

bis in die hohe Tatra gfahr'n.
Dann stiegs von dorten in die Tram,
fuhr dann mit der Carrerabahn
vom Ararat zur Partnachklamm,
traf dort den Roger Federer an.
Der nahm es mit im Caravan
und als sie dann in Bebra warn,
dann kann ich dir nur eines sag'n:

Das Zebra sprang auf meinen Karrn,
ich gab ihm etwas Lebertran
und füttre es seit Bebra dann
mit Kilogramm von Parmesan
und ich erzähl jetzt hier kein Schmarrn!

Was! sagt drauf der Abraham,
das muss ich gleich dem Betraham sagn,
ich biete fürs Zebra dann
zum Ausgleich dir mein Tretrad an.

Okay du kannst das Zebra ham,
mir passt dein Tretrad in den Kram,
ich zurr das Zebra auf den Kran
und morgen schaustes dir dann an.
Als dann Petras Zebra kam,
da freute sich der Abraham,

ABRAHAM UND BETRAHAM

Es sagte mal der Abraham
zu seinem Freund, dem Betraham,
ich würd so gern ein Zebra hab'n.
Ach Abraham, sagt Betraham,
grad jetzt willst du ein Zebra hab'n?
Obwohl wir kalten Februar hab'n!

Von mir aus, lieber Abraham
dann rufe bei der Petra an,
die müsst ein Zebra habn.
Auf das Geheiß von Betraham,
rief Abraham die Petra an,
die ging an Apparat gleich dran.

Hallo hier is da Abraham,
mein bester Freund, der Betraham,
der sagt, du würdst ein Zebra hab'n.

Ja freilich, sagt die Petra dann,
du weißt ja, dass wir Februar hab'n,
ein Zebra braucht es eher warm,
doch is egal, ich bin grad klamm.
Das Zebra, das ich bringen kann,
steht hinter meinem Paravan,
kommt original aus Teheran
und ist mit dem Katamaran

Im Ausbildungszentrum vom Spider Man-Nachwuchs wird im ersten Ausbildungsjahr tunlichst darauf geachtet, dass beim Herunterspringen von Bettkante Helm und Schutzbrille getragen wird.

Zimmernachbarn: „Leihst du mir a bissl Kies Richard? Weil ich mir sonst was vom Andy borg." „Nein", sagt er, „geh doch zur Ursula, kannst dir auch mal was von der leyen."

klar, wenn ich mit der Jessica alba, brauch ich mich hinterher nicht mehr bei der Jennifer aniston. Die wollte sowieso nix von mir, sie sagte zu mir: „Weißt du, dass ich mich viel lieber an den Franz klammer?"

Ich hab in der Badewanne auch öfter mit der Kate ge-blanchett... Wir lagen dann lang unter meiner Decke und sie sagte: „Ui, jetzt is aber ganz schön dunkel." Sag ich: „Ja, nur im All is schwarzer."

Einmal klopfte es bei mir: Frau Fischer. Sie war nervös. Sag ich: „Hey, ich spüre, du hast was in der Birne Helene. Wenn du willst, zeig ich dir mein Silbereisen."

Am schönsten war 's bei uns an Weihnachten, da haben wir alle im Wohnzimmer die Weihnachtsgeschichte nachgespielt. Der Uwe war immer der Ochsenknecht und der Arnold spielte den schwarzen Neger.

Ich war oft pleite. In der Hoffnung, dass ich dann etwas Geld vom Daniel craig, oder von der Liselotte Pulver, oder ich fragte meinen

Klo immer ganz laut Wiener Walzer und bekam dann oft von dem André Diarrhöe.

Es gab aber bei uns im Grunde keinen, Matt Damon richtig Probleme hatte, es gab in Summe wenig Megryan.

Die Charaktere warn ja sehr verschieden. Der Niki war lauder, die Minelli liza, der Ben stiller, und der Till, gut, der war der große Schweiger.

Ich mein', dass der Jürgen ein Vogel hat, war schnell klar und dass der Johnny ein Depp war auch. Und als der dann auszog, sagte ich sogar noch zu dem Depp adieu. Obwohl er mir nicht so bescheuert wie der Charlie sheen.

Der Claus Theo war unser Gärtner, der war faul, einmal sagte er: „Also die Balkonblumen vom Gregor gysi, aber den Rasen, den könnt' ich doch auch morgan free mähn."

Über uns wohnten die Politikstudenten…

Kurz zu unseren Fraun: Die Mädels warn echt okay. Gut, beim Schmusen störten mich manchmal Giselles Bündchen. Und eins war

Frau Paltrow – bevors losging sagte sie immer: „Ich gwynneth!"

Dazu bestellten wir Pizza beim J.J. – beim Jan Josef. Ich rief nur an und sagte: „HEY JAN JOSEF, LIEFERS!"

Die Pizza war immer so groß, ich aß die nie auf, aber der Bruno ganz.

Natürlich haben wir meistens gekocht. Stand auch auf einer Tafel: Wie z.B.: „Heute brät Pitt."

Richtig aufgeregt hab ich mich nur über drei Leute, weil ich sah, wie mir meinen Erdbeerjoghurt der Armin Müller stahl. Nein, weißt, so was geht mir an de Niro.

Unser Kühlschrank war das begehrteste Möbelstück, die Melanie wusste immer sofort, wo der Griff ith. Und, wenn der Karl in die Speisekammer ging, war klar, dass hinterher wieder was aus 'm Lager feld.

Am meisten nervte mich aber der George, der putzte des Cloo nie. Weißt, der hörte auf'm

PROMI - WG TV

Vor 30 Jahren lebte ich mal in Berlin in einer riesen Prominenten-WG. Bei uns durften nur gute Typen wohnen, Kai Pflaume.

Drogen gab 's bei uns nicht. Gut, einmal brachte die Wenke Myrrhe.

Wir verreisten gerne, einmal fuhr ich mit 'm Harrison Ford durch ganz Frankreich, aber ohne dass wir in Paris hilton. Wir war'n dann völlig fertig van der Vaart.

Mein Nachbar, der Anton aus Tirol, fragte mich dann, ob ich ein französisches Auto hab – sag ich: „Anton y hop kins. Aber soweit ich weiß, fährt der Jean Renault."

Ich weiß noch, einmal war ich grade eingeschlafen, plötzlich hörte ich Liam neeson. Der wusste ja nicht, dass ich jean penn, da hab ich mir gedacht, jetzt wo ich scho wieder auf bin, dass ich dann auch gleich den Peter weck.

Spieleabend war sehr beliebt. Manchmal spielte ich mitm Günther Maria Halmer oder schaute mit der Cameron Diaz. Um Mitternacht spielte ich dann oft noch Schach mit

Ich werde auch im Neuen Jahr
gern wieder für Euch dichten –
vergeßt Eure Natur nicht
und die
 ehelichen Fichten!

Sprache, doch ihre Reaktion war lapidar: „Lass vegas!"

Nun freute ich mich doch gehörig auf ein Hammerfest, als sie vor Entsetzen aufschrie: Was is'n das!?

Sag ich: „Lanza rote und buenos Eires, warum?"

Sagt sie: „Da braucht man aber eine guade Loup'!"

Da hab ich mich sofort wieder angezogen - ich bagdad nicht.

Ich glaube, da war für jeden was dubai und die panama kann man sich merken. Und, wenn Sie demnächst mal ins Gebirge fahren, dürfen Sie folgendes nicht vogesen: Festes Schuhwerk. Sonst könnten Sie ganz leicht abruzzen. Das hat noch keiner Bayreuth.

Danke für Ihre Aufmerksamkeit. War Schau!

und ich Zaire.Tansania alle Einkaufstüten geplatzt. Ich, Kavalier der alten Schule, sag: „Ich heb das auf und Syrien sich nicht vom Fleck. Darf ich Sie heute Abend in die Oper einladen: Oslo sprach Zarathustra."

„Na, Sie sind mir ja ein ganz Albaner, aber warum nicht!" Nach der Oper aßen wir bei mir. Sie bekam Nudeln und i biza.

„Ich komme übrigens aus Mecklenburg!"

„Ach", entgegnete ich, „das kann doch mal vorpommern! Ich finde, du bist schwerin Ordnung!"

Ja, diese Frau wollte ich Lybien. Ich stellte sie mir im Badeanzug vor und wusste, die Frau, die kommt im Bikini a toll. Mir stand der Schweiz auf der Stirn, denn sie hatte offenbach keine Hemmungen:

„Ja! Ich will dir meinen Leip zigmal zeigen! Und, wenn er dir von der einen Seite zu langweilig wird, dann dresden!"

Als ich schließlich ihr linkes Elfenbein küsste, waren meine Klagen furt. Es kamen Pariser zur

Ansonsten wird bei uns wenig gesprochen. Der Braun schweigt, Martin nickt, gar nicht zu reden von Karls Ruhe – und unterm Dach liegt seit drei Jahren ein kranker Narier. Der heißt Mühlheim und leidet an der Ruhr.

Nebenan ist ein Lokal, da Kamerun glaublich gut essen. Meistens ess ich Salat, weil meine Mama sagt, es sei gut für die Verdauung, wenn ich ab und zu mal ein Moos kau.

Aber neulich dachte ich, heut isst an Bull! Eine halbe Stunde nach meiner Bestellung kommt der Ober an den Tisch und meint, er wollte gerade den Bull garen, dreht sich um und plötzlich war der Ochs fort. Sag ich, „das war bestimmt die Sau, die arabische, was gibt's denn sonst noch?" Sagt er: „Einen Yoko hama." Aber der war letztes Mal so scharf, dass ich dachte, ich bell fast.

Ich hatte einen Traum: Ich stand allein in der Schlafzimmerabteilung vom Kapstadteinrichtungshaus – plötzlich kommt meine Traumfrau auf mich zu. Sie sah meine abstehenden Ohren und schau, du bist bestimmt ein ganz lieber Nese und ich mogadischu, aber ich werde heute Abend noch mit der Lisa bon." Die Lisa kommt aus einem Land, wo man Briefmarken nicht mit dem Mund anfeuchtet, nein, da tut man das Porto gießen. Aber bei uns ist es auch lustig, in Hessen z.B. sagt man zur Männerunterhose Rüssels Heim.

Wohnen tue ich momentan in der Behringstraße bei Ruth. Ach, Kansas? Wobei ich auch ab und zu in Pnomm penn. Da ist eine reine Männer-WG, lauter Burma. Ist aber selten wer zu Hause, ab und zu ist der Flori da, aber letztes Jahr war gar Kanada. Macht nix, weil hoyer's wer da.

Manchmal treffen wir uns alle beim Zähneputzen. Sag ich, „leih mir mal deinen Kamm, Botscha." Ägypten mir. Neulich geh ich in den Waschraum, liegt so eine Art Kamel in der Botswanna, sag ich, „was soll das?" Spuckt mich das Tier an und meint: „Is Lamabad!"

LÄNDERSPIELE

Ich komme gerade aus Tralien. Kennen Sie Birien? Bahamas wieder. Waren Sie schon mal in Donesien? Da hören Sie den ganzen Tag die Fidschi winseln.

Neulich war ich im Nahen Osten und habe einen Tramper mitgenommen - ist doch selbstverständlich, dass ich für einen Sachsen anhalt.

In Asien gibt es ein Gebiet, das besteht aus zwei Teilen Wasser und einem Thail Land. Fragt mich einer, ob ich mich mit ihm auf eine Bangk hock.

Sag ich „nein, wegen des Erdbebens." Sagt er, „hast du Angst?" Sag ich „ja, panisch." Er hat die ganze Zeit auf mich eingequatscht und ich dachte mir, was soll ich jetzt mit dem Labarador?

Sein Name war Ludwig und er wollte unbedingt bei mir London. Sag ich, „das ist jetzt Tschad, weil ich bin leider kein Homo Lulu

Es war einmal vor vielen
Jahren, als ich Schwielen
auf den Händen hatte,
weil ich einmal Watte
bäusche so stark presste,
dass mir eine Wespe,
die in einem Bausch
vermutlich ihren Rausch
ausschlief, einen Batzen
Gift in meine Bratzen
spritzte, dass ich wie-
herte und laut schrie

Seitdem bin ich scheu
wenn ich Wattebäu
sche anlange denn
es könnten Wespen
doch darin ein Na
chmittagsschläfchen ma
chen und dann ist a
ber heftig die Ka
cke am Dampfen und
wenn Ihre Gesund
heit Ihnen am Her
zen liegt, bitte sehr
schaun Sie bitte hin
und wieder mal in
Watte, weil da kranke
Wespen lauern danke

WATTEBAUSCHWESPEN

Es war einmal vor vielen Jahren, als ich Schwielen auf den Händen hatte, weil ich einmal Wattebäusche so stark presste, dass mir eine Wespe, die in einem Bausch vermutlich ihren Rausch ausschlief, einen Batzen Gift in meine Bratzen spritzte, dass ich wieherte und laut schrie.

Seitdem bin ich scheu, wenn ich Wattebäusche anlange, denn es könnten Wespen doch darin ein Nachmittagsschläfchen machen und dann ist aber heftig die Kacke am Dampfen und, wenn Ihre Gesundheit Ihnen am Herzen liegt, bitte sehr!

Schaun Sie bitte hin und wieder mal in Watte, weil da kranke Wespen lauern! Danke.

Lesen Sie nun laut rechts die wortunveränderte Gedichtfassung!

„Ich heiße Maroni und habe einen Schwarzwurzelgürtel in Karote, Sie sind verhafert!" Peprone war so begeistert von Inspektor Maroni und knutschte ihn ab. Cous, cous

„Wollen Sie meine schönste Tochter zur Frau!?"

„Ja, maggi!"

Auch Don Kamille gab seinen Segen: „Ja, dann gehe hin und meerrettich!"

Letzten Endes hatte Don Kamille für Maroni die Kastanien aus den Feuer geholt und wusste von Anfang an, es würde alles zu einem guten Endivien.

Obst es glaubst oder nicht. Wirsing!

Mit einer Zwiebelfahne voran stürmten sie die Steige hinauf und standen vorm Zimmer einer Pampelmuse, auf deren Tür stand: „Bitte leise, hier ruht Grepf!" (Lesehilfe: Grape Fruit).

Dort lag eine ganz billige Dirne, Verzeihung, eine ganz dillige Birne. Mit Riesendatteln.

„Hey, dillige Birne, war gerade ein Manndarine?"

„Yes! Mann go!"

Sie hexelten in einem Löwenzahn auf Zimmer zwölf. Neben einer Kartoffel mit einem Po Tatoo (Lesehilfe: Potatoe) lag schlafend ein Mann.

„Hey, werd mal wach Older! Wer sind Sie!?"

„Ich bin Erich Spitzweg!"

„So, so! Spitzweg Erich! Keine Möhrchen!" schrie Kamille und riss ihm seine Perücke weg.

„Aah! Rinderkappa Joe! Du brauchst dich gar nicht kostymian! Setz dich erstmal gerade hin.

Waaaas? Das geht Sie gar nix an, auf welche Art isch hocke!"

Peprone lebte in wilder Zehe mit der bayerischen Kompostbotin Inge Grünkern-Bratl.

Sie hörte auch auf „Grünkernbratlinge".

Einerseits war sie keine Schönheit. Da gab es wesentlich chicoree, ananaseits war sie die Mutter einer glücklichen Fanillie mit majoran Kindern: Rosmarin, Rapunzel, Charlotte, Julienne und Marille.

Die Kinder sangen alle im Chor „Don Bleu", waren aber so unmusikalisch und mussten immer heimlich im Moor üben.

Langsam wurde es dinkel über Oregano.

Peprone studierte gerade die Fenchel-Times und hatte einen Plan. Sie gingen abermals zur Schnittlauchalm, nahmen aber diesmal den Weg, der zu Kräuter führt.

„Sehen Sie das Haus, wo das Licht anis!? Das ist das Kartoffelpuff!" Sie konnten durchs Fenster linsen. Vermutlich waren die Gestalten im Schatten Morellen. Sie mussten das Haus kapern!

schau mal, hirse Spur ... kümmel dich drum, gibt's Verdächtige?"

Broccoli zuckerte mit den Sultan: „Ihnen kann ich's ja sagen Chef, cayenn' Ahnung. Ich knob'l auch!"

Da trat Don Kamille hervor: "Früchte dich nicht! Ich kenne den Mörder, er heißt Joe Rinderkappa!" Hilfe, es war Rinderkappa Joe!

(Achtung, Lernhilfe: R i n d e r c a r p a c c i o)

Don Kamille wusste, der Kartoffelmörder von Oregano würde sich bald rian. Und er murmelte leise: „Warte, bis es Dinkel wird!"

Zum Verständnis: Pfarrer Don Kamille wurde als Sohn eines Inders in Los Angeles geboren. Darum nannten sie ihn auch gerne „Curry-L.A.-Sohn". Er lebte im Pfarrhaus mit seinem warmen Haushälter Rene Claude.

Rene Claude war seit seiner ersten Pflückung homobonduell und hatte dauernd die Hand in der Dose. Er hoffte, aus seinem Spargel würde irgendwann ein Mooshammer.

Ein Polizeioffizier hat gesagt, dass ihm in einem Vierteljahrhundert Dienstzeit ein solch schreckliches Verbrechen nicht untergekommen ist.

SZ, 25.2.2001

Die Menge kochte, es kam zu einem Auflauf. „Wann fassen Sie den Morchelmörder? Jetzt haben wir März, wollen Sie warten bis Mais?"

Hochrangige Beamte kamen vom Festland mit dem Ampfer. Rechtsanwalt Petersielli und Innenminister Otto Chilly. Kurz darauf landete ein scheppernndes, wackliges Flugzeug. Aha, die Ratter-TUI.

Im Blitzlicht der Kresse entstieg ein Inspektor aus Wuppertal. Dort gibt es eine vegetarische Schwebebahn, die fährt auf Oberschienen. Der Inspektor bohnte sich den Weg durch die Trauben und stellte sich den Kollegen vor:

„Guten Tag sesam, ich bin nicht Ingwer, ich heiße Maroni, heiße Maroni, wo liegen die Beiden?" Der Inspektor erschrak. „Um Gotteswillen! An und pfirsich zucchi nie! Aber das ist ja eine feige Sojarei ...

WARTE, BIS ES DINKEL WIRD

Dieser vegetarische Krimi erzeugt in Ihnen wahrscheinlich gemüste Gefühle. Aber ich würze bitten, nehmen Sie's nicht für bare Minze. Wir reiben den 16. Avokadober 1974. Deutschland war Waldmeister. Doch davon wusste niemand im tiefen Süden von Olivien.

In der Region Kardamon bei Limone lag das kleine Dorf Oregano - dort lebten Pfarrer Don Kamille und Peprone. Don Kamille war gerade aus der Kirsche ausgetreten und hatte wieder nicht für kommunistische Himbeeren aus Kuba gepredigt.

„Glaub doch nicht, dass ich für das Rote bete!"

Da wurde die Luft durchschnitten von einer Meldung aus dem Radicchio: „... die Nachrichten mit Johannisbeern Körner. Drama auf der Schnittlauchalm. Vor einer halben Stunde haben zwei junge Kartoffeln ins Gras gebissen. Sie waren auf dem Weg zu ihrer Fritteuse. Sellerie ..." Sofort setzten sich Kamille und Peprone auf ihren Hobel, um hinzugurken. Es sah nicht besonders lecker aus, wie die beiden Kartoffeln unter dem Beil lagen.

Und was glaubst duden, wie viel Bälle waren da drin!? Genau drei Stück. Bälle tri Stick. Und Mutter schrie uns nach: Brecht ... euch nix!

Wir waren nie im Ausland. Wozu auch in die Ferne schweifen, wo das Goethe liegt so nah!

Mein Opa hat sogar noch den Emanuel kant und sich immer gefreut, wenn ich für ihn mal aufs Blech trommel. Grass!

Dieser Opa hatte ein Teufeltätowierung am Hinterbein, eine satanische Ferse, die Haxe des Bösen.

Ich dachte, ich über rushdie. Bevor meine Geschichte unendlich wird, komm ich zum Ende. Ich hoffe, Sie konnten ein wenig kishon.

Denken Sie daran: Lesen verhindert das vorzeitige Altern. Im Gegenteil, du wirst im Ernst jünger.

Also dann, toi tol stoi!

Aber Bücher können auch zum Verhängnis werden, vielleicht wär ja die Titanic gar nicht untergegangen ohne diese blöde Leck-Türe!?

Lektüre, die blöd macht, gibt es auch, z.B. die Biografien vom Daniel Küblböck, Boris Becker, Dieter Bohlen. Wenn Sie diese Bücher öffnen, werden Sie es leise stöhnen hören: „Ah, oh uh, oh!" Das sind die Leiden der jungen Wörter.

Natürlich bin ich vorbelastet, ich hatte einen lessin'g Vater, von Beruf Fassbinder, meine Mutter war Hausfrau, von ihrer Figur eher molière, Richtung Dickens aber meinem Vater war das recht, der fand nämlich die Dürren matt. Sie lernten sich kennen bei einem langsamen Walser.

In unseren Wasserhähnen steckte eine deutsche Dichtung, sogar unser Hund war literarisch gebildet, allein, wie er gekläfft hat: Böll! Böll!

Wir wohnten in einem bescheidenen Brockhaus hinter der Vogelweide und, wenn's geläutet hat, war's oft der Schiller mit seiner Glocke. Es war Zeit zum Kicken, und dann stand er da mit seinem Ballsack.

mein zweites hielt ich an der Kasse schon in der Handke und dann flüsterte mir mein Gewissen zu: Kafka Buch! Klau's Mann!

Ich hab's mir aber dann doch kleist. Wollte es gar heiraten. Aber es war schon gebunden und völlig überarbeitet.

Im Grunde lese ich Bücher nicht, ich bin verrückt nach Büchern, ich verschlinge Bücher, ja, ich trinke Bücher. Oft einen ganzen Liter atur!

Mich interessieren Fragen wie: War Hermann Hesse? Ist es erlaubt, wenn man über Camus albert? Warum mag der Benjamin Britten?

Viele Schriftsteller neigen zu schlampiger Körperhygiene, war der Maria Rilke da ein bissl rainer? Und: Hätten Sie etwas dagegen, wenn ich hin und wieder die Jeli neck, und wenn sie mich dann fragt: „Hey, Willy wie viel Bier hast du wieder getrunken", sag ich: „11 Riede".

Bücher sind für mich wie guter Wein, das ist ja auch der Grund, warum ich oft noch so spät lese. Es kann natürlich auch ein ganz einfacher, österreichischer Wein vom Markt sein, ein Marktwain.

Dann hab ich mich damals, erst 14-jährig, in Buchhandlungen beworben. Als stellvertretender Chef. Ja, ich war ein Hugendouble.

Bis heute lese ich bei jeder sich mir bietenden Gelegenheit, im Busch oder im Kühlschrank, weil ich Max Frisch. Auch an den Ufern des Rio Pedro saß ich mit feucht Wanger und weinte.

Mein erstes Buch hatte noch gar keine Seiten, das war ein Leerbuch,

TOI TOL STOI

Seit wann gibt es Bücher mit Staben?

Heute wäre ein Buch ohne Staben nicht mehr vorstellbar.

Es begann alles damit, dass Gott diese Staben vor 25.000 Jahren in einen Moorsee schleuderte.

So entstand das Moorsee-Alphabet. Der Schatz im Silbensee.

Wann haben Sie das letzte Mal ein Buch gelesen? Der berühmte Regisseur Polanski z.B. schaut jeden Morgen beim Rasieren in einen Roman. Dann denkt er sich, Mensch, sind meine Eugen Roth!

Schon in jungen Jahren hab ich gern gelesen, vor allen Dingen in der Schule. Heutzutage gibt es Eltern, die schon froh sind, wenn ihre Kinder überhaupt in der Jules Verne.

Und ich hab beim Lesen immer gern genascht: Ja, ich war ein Süßkind, wollte aber kein Bounty oder Snickers oder so was, nein, mich interessierte nur ein Ringelnuts.

Endspurrt!
und wenn deine Fliege knurrt
die Katze an der Leine zurrt
der Hund an deiner Angel schnurrt
kommt Jo zurück und gurrt
und sitzt du mal auf dem Balkong
und landet was in der Boulliong
dann weißt du irgendwo
fliegt meine Taube Jo!

ein' Umweg über Gütersloh
hin und zurück, jojo.

Jo gurrt

Jo gurrt

Jo gurrt mir in mein linkes Ohr
was ich fast nicht glaub
Taube Jo traf in Palermo eine andre Taub
die hört so schlecht sagt Taube Jo
und frisst so gern Cashews.
Na super, Jo, dann nenn doch
deine Freundin Taube Nuss

Taube Nuss Cashews tau Taube Nuss
tau tau Taube Nuss Cashews Cashews

Meine Taube Jo fährt
soooooo gerne im Auto
und wenn ich sie nicht anschnall, gurrt
meine Taube Jo
meine Taube Jo gurrt
jo gurrt
seit ihrer Geburt
gurrt
meine meine Taube Jo

MEINE TAUBE JOACHIM

Meine Taube heißt Joachim
doch ich nenn sie Jo
klein aber oho fliegt meine Taube Jo
mitm Brief nach
Pa – ler – mo

In Palermo wohnt meine Freundin
Grazia Straziatella
Ich schick ja nix mehr mit der Post
Brieftaube Jo is schneller
außerdem spart Taube Jo
mir das Briefporto
und muss meine Taube Jo
im Flug mal irgendwann aufs Klo
macht sie die Luke auf
ja und das landet irgendwo

Und wenn meine Katze schnurrt
der Hund schon etwas lauter knurrt
die Fliege um die Lampe surrt
kommt Jo zurück und gurrt
Jo gurrt, Jo gurrt

Taube Jo war weit weit furt
nach Palermo flog Taube Jo

Der James Bond, er klingelt schon.
Ich schau hindurch, durch den Spion
und schreie durch die Tür, verpennt:
"Ich mach nicht auf, geh heim Agent!"

Ihre einzige Tochter, Mercedes-Corolla, war gut in der Fahrschule. Nur in Theorie hatte sie jedes Jahr einen neuen 5er.

Sie konnten sich jetzt jede Menge Chrom leisten und genossen ein Leben voller K´Lexus in einem 2CV.

Ente gut. Alles gut.

Das Radkäppchen schrie: " Esso ...s! Hau bloß ab, böser Golf, sonst schieß ich dich mit meinem Gewehr nieder und dann kannst du im Himmel Reifen schnitzen, verstehst du: Niedergwehrschnitzreifen ...!

„Und nun zu dir, mein Schatz, darf ich dich tieferlegen!?"

Was heißt da tieferlegen, du kannst froh sein, wenn ich dir einen Cadillac ..."

„Ach Radkäppchen, nur einen Spritzer ..."

„Einen Spritzer? Und in welcher Position?"

„Ach, du wirst doch nicht von mir erwarten, dass ich dir meine Nummern schilder!"

Trotzdem wurden die beiden noch ein Paar, Wie Romeo und Alfa. Sie hatten jede MengEspace.

Zur großen Hochzeitsfeier wollte sich der Prinz von einem Metzger ein Lamm ausleihen, aber der Metzger sagte: „Tut mir leid, ein Lamm borgi nie!" Zur Trauung spielte ein polnischer Hochzeitslada.

Kaufvertrag und einmal im Monat kam es zu einer Abgasuntersuchung...

Radkäppchen trank gerade eine Tasse Tee mitsubishi Citroen ...

In dem Moment kam plötzlich der böse Golf volvon der Seite ....

„Hallogen Se doch mal her. Junges Käppchen, darf ich fragen, wohin der Weg Sie fiat?"

„Ich muss in die Waschstraße ..."

„Dahaitsu aber noch einen langen Weg vor dir. Schau mal, ich hätte da zur Stärkung eine Ferrari rocher!"

„Nein danke, ich muss auf Ferrari rocher immer nissan!"

Der böse Golf wurde nun richtig wütend ..."Hey, du bist mir vielleicht eine Mazda, bete schon mal und zünd Kerzen an, ich werde dich nämlich in den Schnee ketten!" Radkäppchen lachte, denn es war Sommer und sie 31 ...

In dem Moment kam plötzlich Prinz Borgward zu Calibra, auch genannt der rote Corsa ...

der sich über das Tal bot. Plötzlich hör ich ein Geräusch, und stell dir vor, es waren Toyoten ... Tja, nix is unmöglich! Zuerst dachte ich: „Schnell Ford, die tun was und dann war mir klar, der böse Golf war wieder im Wald, pass also auf Radkäppchen ..."

„Danke für den Tipo!"

„Gut, dann werd ich mich jetzt wieder ins Gelände wagen ..."

Zwei Tage später hatte Radkäppchen fettige Haare. Das lag daran, dass sie immer sehr nahe am Öl stand. Sie wollte sich eh mal wieder richtig auffrisieren lassen und machte einen Termin in der Waschstraße: „Und dann lass ich mir auch die oberen Locken wellen!"

Plötzlich hörte sie ein Geräusch: Kikeriki super bleifrei kikeriki superbleifrei ... Aber das war nur der Benzinhahn ...

Auf der großen Wiese standen gerade 300 SL und eine japanische Kuh namens Plung, auch genannt die Kuh Plung. Die Kuh Plung hatte zusammen mit den 300 SL einen gesetzlichen

RADKÄPPCHEN

Es war einmal im großen, dunklen Schilderwald ein kleines Wurzelholz, dort wohnte in einer kleinen Rostlaube das noch kleinere Radkäppchen.

Radkäppchen wunderte sich, denn sie hatte schon seit über sechs Stunden ein paar Schweinswürstl auf dem Rost liegen, die immer noch nicht fertig waren: Mensch, das ist aber ein kühler Grill ...

Plötzlich klopfte es an der Tür: Puch puch.

„Wer ist da?"

„Ich bin es, Kater Lysator ..."

„Oh! Kater Lysator!"

„Tacho, Radkäppchen! Das ist Heizung, mein Hyunday ... sitz, Heizung!"

„Mensch, das ist aber ein netter Hund!"

„Ja, ich find ihn A klasse."

„Was führt dich zu mir Kater Lysator?"

„Nun, ich war heute früh schon auf dem Überrollhügel und genoss den wunderschönen Blick,

Es ist ja auf der Streck' passiert,
ich mach den Streckverband.
Und dann geschah ein Wunder,
denn ich sagte lapidar:
Ich komme grad aus München
und der Esel drauf: i aah!

INSELESELWIMMERN

Es war im fernen Griechenland,
der Sommer war fast rum.
Ein griechischer Lateiner nennt das
Sommer Sommerum.
Ich fuhr in einem Reisebus,
um Inseln abzuklappern,
es klapperte auch ab und zu
nach Ringelklappernattern.

Ich wollte was erleben
und drum ist es wohl passiert,
als der Bus frontal
mit einem Maultier kollidiert.
Der Fahrer war ein heimischer
und ärgerlich empört,
der Inselesel wimmerte
und schaute recht verstört.
Und es gibt nichts Schlimmeres
wie Inseleselwimmern,
drum dachte ich: Okay, ich
werd mich um den Esel kümmern.

Ein Eselsohr war umgeknickt,
da lag es auf der Hand:

„Danke, ich nehme Taxa."
„Soll ich Ihnen eins rufen?"
„Ja, das fer net, branca schön!"
„Ach, das is bei mir so Ouzo!"
Ich nehms ja immer so, whis kymt.

Ihr Williams

Ich machte einen Strandspaziergang ... warn nicht viele Leute unterwegs, ein bacardi Näle.

Und wer kommt da um die Eckes?

Die Maria Cron – diesem Charme konnt ich mich nicht enzian.

Ich nahm meinen ganzen Mumm und dachte, schnaps dir, aber brandy ned. Ich hatte Doppelbock. „Grüß Scotch, darf ich mich vorstellen, Röder mein Name."

„Ich hasse Röder!"

„Ich hätte aber gerne ein Kind von Ihnen!"

„Um Gottes willen, was für ein Kind denn!?"

„Also ich fänd ein Söhnlein brillant!"

„Ah!", sagt sie. „Wissen Sie, was ich vermouth, Sie sind ein Jägermeister, Männer wie Sie – grand marnier der Frau rum, haben am Ende cointreau und wenn dann einen Kümmerling!"

Der Wind baileys mir ins Gesicht.

„Hey, Sie blöde Henne Sy, dann bleibt halt mein Henkel trocken! Kann ich Sie wenigstens nach Hause bringen?"

federweißer Papagei aus Jamaica Rum. Sag ich zu ihm: „Was soll das?" Sagt der Papagei: „Du siehst doch, dass ich BRUT!"

Sag ich: „Ja und? Glaubst du wirklich, dass ich jetzt aus Mitleid in meinen Rasierschaum wein!? Beeil dich, weil sonst mach ich aus deinen Eier Likör!"

Dann schau ich aus 'm Fenster und seh, wie ein Gärtner faul im hohen Grase liegt. Mensch, wieso Metternich?

Ich hab ihn dann geschüttelt, aber er hat sich nicht gerührt. Hat halt wahrscheinlich wieder nix zum Dorn kaat.

Besorgte mir ein paar Zeitungen, extra dry.

Und was les ich da? Große Wasserschäden in mehreren Behörden. Es stellt sich raus, dass immer noch sechs Ämter tropfen.

Dann berichten sie von einem Komponisten, der verfolgt wird: Riesenmenschenmenge jagt mit glühend heißen Feuerzangen Bohlen.

SELBSTHILFEGRAPPA

Mir war'n ja im letzten Urlaub auf den Spirituosen, das war'n quasi unsere Literwochen.

Wir wohnten direkt on the Rocks, es ist steil nach unten gegangen, mein Lieber du, das war aperitif!

Klamotten hat ich nicht viel dabei gehabt, nur meinen kurzen Bommerlunder. Und eine Cinzano.

Mit dabei war der Jack Daniels, der Jim Beam, Johnny Walker, und drei Kai hatten wir mit dabei: Kai Pirinha und Kai Pflaume und Kai Neahnung.

Zwei Tag später Cam Pari.

Wir nannten uns die Selbsthilfegrappa, und in unserem Zimmer gabs nur einen windigen Schrank – das war vielleicht ein Chivas Regal.

Auch die Toilette, ein winziges Klo, ein Pikkolo, wir hatten nicht mal eine Düscher da. Geh ich zum Waschbecken, Chantré ich das Wasser auf, stells auf warm, weil ich vertrag das Freixenet. Und gerade als ich mich rasiern wollt, seh ich unterhalb des Waschbeckens – da liegt ein

PYRENÄEN

Spanischer Kartoffelbrei,
davon bin ich ein Fan!
Denn, wenn hier mal ein Riss entsteht,
lässt sich das Püree näh'n.

Ihre Hochzeitsreise begann mit einem Frühstück bei Tiffany, ging weiter über Paris, Texas und endete out of Rosenheim.

Zusammen mit den schwulen Friseuren Dr. Jekyll und Mr. Hide eröffneten sie in Notting Hill einen wunderbaren Waschsalon, sie wurden Eltern von Bernhard und Bianca. Zwei Jahre später kam noch ein Schweinchen namens Babe.

Und als Mary nach einem Experiment in der Hitze der Nacht mitteilt: „Liebling, ich habe die Kinder geschrumpft", sieht ihr Mann rot und schimpft: „Was? Dann gehst jetzt mit den 101 Dalmatinern um den Block, basta!"

Und als sie als Rentner im Lotto drei Richtige hatten, saßen sie zwei Jahre mit ihrem Kevin allein zu Haus…

Ja … das Cinema so Geschichten …

Aber Hauptsache, alle sind happy .. End…

Und Mary? Sis teract in Ohnmacht gefallen und erwachte nur 48 Stunden später außer Atem in einem Zimmer mit Aussicht auf den Jurrassic Park. Sie lag da Winnetou ... Winnetussi ...

Und was toot sie? Öffnet ihr Full Metal Jacket und küsst seine nackte Kanone, ein Ding aus einer anderen Welt - besser geht's nicht.

„Oh, du bist mein Glücksritter, ein Gladiator, der es mit mir beautyful meint!" Doch, als Herr der Ringe bemerkte er, dass nun am rechten Finger einer fehlte ...

Mary lachte: „hahaha, ich stalingrad!"

Ach, das Leben ist schön, und so wurde daraus eine echte Lovestory, denn Schiwago war treu, Mary sogar noch troja und er fragte sie: „Bist du eine Braut, die sich nicht traut oder willst du übermorgen meine Frau werden?"

„Logisch will ich, aber was heißt übermorgen?"

„Ach Mary, übermorgen heißt einfach nur: The day after tomorrow. Aber glaub ja nicht, dass ich uns eine Hochzeitsreise in den Dschungel buch!"

großen Fressen. Und sie schrien ihr zu: „Hey, stirb langsam!" Und weil's wurscht ist, auch noch: "Stirb langsam 2! Jetzt erst recht!"

Nun war Schiwago gefordert. Wie konnte man auch zu diesem Dilemma schweigen! Schon einmal hatte er, während einer unglaublichen Reise in einem verrückten Flugzeug, das Leben des Brian gerettet.

„Gehen Sie zur Seite, ich bin Highlander ... Arzt." Das Wasser war kalt, aber die Unbestechlichen feuerten ihn an: „Hey! Du ghost jetzt da rain man, los, bevor die Gondeln Trauer tragen..."

Es war gefährlich, denn im Wasser schwamm auch ein weißer Hai noon.

Dundee Crocodile ... Aber ein Mann wie Schiwago hat immatrix.

Doch so, wie er damals mit dem Glöckner von Notre Dame und vier Fäuste für ein Halleluja gegen Frankenstein gewann, kämpfte er nun wie eine Rambo unter Geiern. Nur mit einer Top Gun zielte er bewusst auf die Genit-Alien und drückte ab. Man hörte es pretty wummern. La Boum!

Schiwago kam gerade aus Metropolis und war ein American Gigolo mit French Connection, der sich in modernen Zeiten im Saturdaynightfever auch gern mal einen Wolf tanzt.

Im Grunde aber war er verdammt in alle Ewigkeit, denn er sah eher aus wie ein Zombie aus der Rocky Horror Picture Show, der 20.000 Meilen unter dem Meer eine verhängnisvolle Affäre mit einem Fisch namens Wanda hatte.

Während sich eine Katze auf dem heißen Blechdach ihre Tarzan verbrannte, bauten am Strand die fabelhaften Bakerboys zusammen mit Cleopatra, Sabrina sowie Harry und Sally eine Sandburg ... Sie verwendeten aber nur feinsten Sand und ließen sich diesen für teures Geld von den Glorreichen sieben ...

Plötzlich, was für ein Shrek: Eine der zärtlichen Cousinen verfing sich beim Schwimmen mit ihrer Handtasche in der Octopussy von einer Riesenkrake.

Alle schauten wie verrückt nach Mary und waren genervt: Ausgerechnet jetzt, kurz vorm

DER KINOMO

Es geschah am helllichten Tag jenseits von Afrika, und nur die Sonne war Zeuge, als im Himmel über Berlin die Vögel mit Speed über ein Kuckucksnest flogen …

Einer der Vögel wurde vom Winde verweht. Wollen Sie wissen welcher? Der Star wars.

Derweil machten die zwölf Geschworenen mit Hannah und ihren Schwestern seit neuneinhalb Wochen Ferien bei Monsieur Hulot und bewunderten Bonnie und ihr neues Clyde.

Sie kaufte es für eine Handvoll Dollar, als aus einem Taxi driver-wegene Gestalten in der blauen Lagune auftauchten: Dr. Schiwago, als der große Blonde mit dem schwarzen Schuh und die Bluesbrothers mit ihren Supernasen.

Schiwago reiste seit achtzig Tagen um die Welt und suchte nach einem englischen Patient, der sich am Freitag, den 13., kurz vor einer Untersuchung in seinem Appartement mit der Akte über das Fenster zum Hof zuerst nach Casablanca absetzte und seit einem letzten Tango in Paris auf der Flucht verschollen war.

SCHREIBTISCHLAMPE

Ich krieg keine Schreibtischlampe
in mein kleines Loch,
doch manchmal Post von meiner Ex:
Schreibt die Schlampe doch!

Aronstab in deinem Goldmund sein, deine Kelchborsten bürsten und die Fruchtkapsel deiner Ranunkel aufsprengen!

Zeig mir dein Buschwindröschen … und wenn du willst, treffen wir uns in zehn Minuten oben bam Bus."

Es sind ja auch schon Blumen nach Prominenten benannt worden, wie zum Beispiel nach Michael Jackson, wahrscheinlich weil er noch vor seinen Umbaumaßnahmen Löckchen hatte – früher hatte der Mike Löckchen.

Und als Abschlusstipp: Wenn Sie nachts kein Auge zu tun, stellen Sie sich Schlafmohn ans Bett, da weißt du, was du hasch.

PS: der Wikingergott Odin hat seiner Frau nach jeder Reise ein Büschel Raps mitgebracht – sie freute sich: »Oh, bringst du mir schon wieder Raps Odin!«

immer wenn ich an den Frühling denke, könnte ich glatt johlen.

Der Lenz ist der Mercedes unter den Jahreszeiten. Zeit zu verreisen, z.B. nach Pollen… Auf diesen Vorschlag reagieren manche allergisch. Oder kennen Sie Dahlien?

Der Frühling macht mich naturbreit, meine Hormone haben Gesellschafterversammlung und es kommt stündlich zu einer Ausschüttung, hey, ich steh voll im Saft und von dem Saft, da trink ich im März n' Becher. Und wie die Erde riecht – humusexuell.

Schaun Sie sich die Verliebten an, wiese spazieren gehen, und ich könnt die ganze Zeit was aushecken. Thuja auch.

Warum denn nicht einer hübschen Frau in der U-Bahn spontan zeigen, dass man sie gern hat und sie morgens um halb sieben im Mittelgang mutig ansprechen: „Oh, schau mir in die Iris, du scharfer Hahnenfuß, lass uns die Lavendeltreppe der Liebe besteigen, du efeublättrige Gundelrebe, lass mich der abraten möchte ich von Englischen Blumen, die schmecken sogar noch Flower. Wobei es da ein gutes Rezept gibt von Jamie Oliver, der kauft ja seine Blumen im Londoner Blumenladen von Boris Becker!

Der Boris hat einen guten Spruch für seine Floralienhandlung:

Schöne Blumen, frisches Laub kauft man ein bei Samen Raub.

Ich stehe ja jeden Morgen meistens mit dem rechten Fuß auf. Heute hab ich meinen Tag aber anders begonien, weil ich mir vorgestellt hab, wie das wäre, wenn ich heute früh links anfang.

Der Frühlingsanfang ist was Schönes, hokus krokus, in den Winter gibt es kein Zurück mehr – rien ne va blüh. Januar, Februar, März, April – vergiss Mai nicht, die Bäume bekommen ihr Kleid, bis auf einen, der kriegt Hosen, der Buxbaum.

Ich weiß ja nicht, ob meine Pointen hyazünden, dafür gebe ich hier keine Geranientie, aber

MIT ADAM UND EFEU HAT ALLES BEGONIEN

Wenn es auf der Welt nur noch eine einzige Blume gäbe, jetzt nur mal anemonen, dann wäre das bestimmt so eine Art Rose. Ich mein, wenn es so weit käme, können wir uns alle einpetunien.

Wenn die Blumen verduften, blüht uns was.

Jetzt werden Sie sagen, was sind denn das jetzt wieder für Chrysenthemen, mit was philo denn drohn? Keine Panik auf der Botanik! Ich bin hier der Forsytiender und begrüße alle Leser und jetzt natürlich auch Ole andern.

Ich holunder meinem Schreibtisch öfter mein Diblum heraus, denn ich liebe Blumen!

Am liebsten mag ich die Calla. Ich habe schon oft zu Geburtstagen eine mitgerberacht.

I love Calla. Calla a love – aber ich mag a Riten.

Es gibt nichts Schöneres, als eine Blumenwiese – hier 'ne Blume, dotter Blume.

Wenn Blumen zu lange aufbleiben, dann gähn'se und es gibt auch welche, die man essen kann. Schmecken aber eher flau, komplett

Junge Pfarrer ziehen sich
gern Rockkonzerte rein
und kehren frisch befördert
dann als tauber Bischof heim.

BAGGERDELLE

Ein Bagger fährt mit 180
links auf der A4
und haut ner Limosine
seine Schaufel an die Tür.
Die Limo stoppt sofort
und der Chauffeur sah auf der Stelle,
den Schaden an der Tür.
Es war nur eine Bagger-Delle.

Doch durch die Düsternis dümpelte dumpf dramatisch die Dämmerung.

Dementsprechend deprimiert dachten die drinkdurstigen Dransylvanen:

Der Dag! Der Dag! Der Dag!

Der Dag drückt dendenziell definitiv deutlich demnächst drohend daher!

Daher: Dringend die durstigen Draculas dunkeln!

Dennoch das Desaster.

Das debakulöse Dageslicht draf das durstig dünne dyrannische Dracula-Drio dotal direkt.

Demnach die Diagnose: Delirium.

Dann Dod.

DEMA DES DAGES: DAS DURSTIG DÄMLICHE DRACULA DRIO

Datum: Dritter Dritter.

Dänemark döst.

Draußen Dunkelheit.

Detail: Der Durm dengelt deutlich dreivierteldrei.

Dingdong.

Drügerischer Dunst.

Durch die dicken Dünen drang

dezentes Donnern daher.

Dreiunddreißig derbe dänische Dumpfdödeldorfdeppen dehnten düchtig den draurigen Dintenfischen die Dendakel.

Da!

Drei dotal durstige dünne Draculas düsen dolldreist draufzu!

Durcheinander!

Die Dorfdeppendruppe dürmte drängend durch dickes Dünendickicht defensiv davon.

nach Katholika, da hat er einen Ministrand, und an diesem Ministrand, da liegt er dann so lang in der Sonne, bis weißer Rauch aufsteigt...

Und dass er ein Freund der Musik ist, sagt er. Sein Lieblingslied ist von den Beatles, Oblati Oblata.

„Toll," sag ich, „ein Mann in Ihrem Alter." Sagt er: „Ja, ich bin direkt selber überrascht, wat i kann ..."

„Und," sagt er, „ich zeichne gern Heiligenbilder, mit Begeisterung, aber für so was, da vinci mir natürlich mehr Zeit, weil momentan bin ich so im Stress, dass ich hauptsächlich am Abend mal ..."

„Und," sag ich, „wie kommt man so zurecht mit dem Verkehr der italienischen Hauptstadt?"

„Ach," sagt er, „kein Problem", er hat ja sein Navigationssystem, das ist eine CD-Rom.

Aber am meisten schätzt er seine Dienerschaft, sagt er, er nennt sie liebevoll „die Josef Beuys" ... Das beste ist, wenn er abends nicht k.o. ist, dann lässt er sich von denen ins Bettle hem...

Zum Essen mag er gern Tartar oder ein blutiges Steak, also eher die rohe Botschaft ...

„Und," sag ich, „wie schaut's aus mit Urlaub?" Sagt er: „Urlaub, auch das ist was, was ich unbedingt habemus." Er selber fahrt halt immer

PAPST

Ich hab's schon ein paar Mal gesagt, aber für alle, die es noch nicht mitgekriegt ham: Hallo!? Mir vom Land der weiß-blauem Raute sind nicht nur deutscher Meister, nein, mir san was ganz was Besonderes, mir san Papst.

Mir san aber so was von Papst san mir, die ganze Welt ist verrückt und sagt, ja, wir knien uns vor euch nieder Bayern ...

Der Papst, der ist ja auch hauptsächlich deswegen Papst geworden, weil er mag ja wahrscheinlich genauso gern wie die Agatha Christi.

...Er sitzt ja jetzt auf dem Heiligen Stuhl, dafür braucht er aber schon eine Ausnahmegenehmigung, weil des is nämlich normalerweise Peters Platz ...

Privat weiß man allerdings noch wenig vom Benedikt, dem 16., drum hab ich ihn einfach angerufen auf'm Handy – ich dachte, mal schaun, vielleicht erreich ich ja den Papa mobil – und ihn gefragt, was er sonst für Hobbys hat. Sagt er: „Sprachen." Er spricht an die neun Sprachen.

ENDE

Woul wörs ein leichtes gewesen, die Polizei zu rufen, damit der Ganove hinter Schloss und Wrigleys kommt, aber manchmal ist es basser mann löst so was durch Duplomatie:

„Schleich dich in dein Iglo, Käptn, aber pronto, sonst werd ich zornig, und glaube mir: Ich ken wood! Gleich schmeiß ich meinen Pumarang – und wenn dich der trifft, natreen sich die Sternchen, dein Kopf tat dir nie vea!"

Eigentlich war an dieser Stelle ein lustiger Schluss vorgesehn, und wahrscheinlich warten Sie schon auf einen echten Barilla, aber mir fiel keiner ein. Okay, danone.

Und ich sagte ihr, dass für eine Hochzeit die Ringe schon b'reit ling, aber sie sagte, ich muss vorher noch eine Aufgabe lösen: Wieviel ist acht mal vier?

Also in Mathe, da benetton ned so gut, und ich sagte: 31.

Okay, es war ein knoppers Ergebnis, aber sie ließ es gelten.

Das machte mich frohlic, und so beritten wir dann am nächsten Tag mit meinem Hengst 'n Berg. Auf einer Lichtung stand ein Reebock.

Ich wollte ihn erlegen, aber Melitta meinte: „Stop! Du tust ja dem Reh weh!", und gab dem Tier einen Kakao drink – jetzt war es ein Kaba-reh. Und ich dachte: Wie adi das geschafft?

Wir warn noch nicht lang unt'wix, als ein weißer Riese sich uns in den Weg stellte. Ich wusste, jetzt droht AG-FA, und der Monn cherie: „Schauma! Joop eine Pistole!

„Na und", sagte ich, „Joop in meiner dash drei! Nur domestos weißt!"

„Was?", sagte sie. „Ich wilkin Sohn!" „Sag ich ja, wie wär's dann mit acht Söhnen!?"

Sagte sie: „Wieso acht?"

„Na, weil's doch viel schöner ist, wemma zu zentis!? Und eins weiß ich suchard: Am liebsten würd ich mit dir schon morgen in die Berge abhaun – fährst du gucci? Dann könnt ich dich auf einer Alm dudln. Wär das auch in daim Sinne!?

Zur Hochzeit machma alles notariell, damit alles fixies, und ich biete deinem Vater für dich ein Camel, ja!? Aber wenn ich ehrlich bin, würd ich dich am liebsten sofort auf einer Alm dudln."

„Hey", sagte sie, „das görtz sich ned!"

„Melitta, überleg's dir bitte!"

„Okay, du darfst. Gib mir nur ein biskin Zeit und ich warne dich, ich hab am Bauchnabel ein Piercing!"

„Ach", sagte ich, „das is ja gar nix – ich hab am After eight! Außerdem streich ich mir manchmal meinen Sack rot an." Sie war wunderschön, ihre Haut: vileda.

Ich machte etwas Musik, und zur Krönung brachte ich meine Gitarre seba med – ich trällerte sogar ein hohes C und spielte den Gästen aldi Lidl. Und aldi Lidl, die wir zusamsung, sind mittlerweile Toppits.

Und obwohl es Jacobs Krönung war, gab's keinen Kaffee. Es tranken ale Te.

Im großen Saal traf ich Amanda, sie hatte einen hübschen Ring in dior. „Was machst denn du in dem Saal amander!?" Ich dachte mir, ihre Arme senso dyne, aber Models sind ja ovomal düne.

Auf dem Weg zum Buffet begegnete ich Melitta, die mir voll gegen meine Palmo lief.

„Oh hab ich dir wehgetan?" „Ach", sagte ich, „minimal – abgesehen davon, dass dein Stöckelschuh auf meinem großen Ze wa." Sie war ein hübsches Mattel, aber vor allen Dingen hatte Melitta viel ter Titten.

„Entschuldige, wenn ich so direkt bin, Melitta, aber falls du dich in mich philips, schenkst du mir dann einen Sohn!?"

ES WAR JACOBS KRÖNUNG

Servus, Gohn mein Name. Karl Gohn. Meine Geschichte ist im Grundig genommen chanel erzählt, und ich hoffe, dass ich mich dabei nicht verhakle. Aber jetzt maggi fix erzählen…

Ich war neulich eingeladen, und vanish mich recht erinnere, war es kein Geburtstag, kein Namenstag. Es war eine Zeremonie: Jacobs Krönung.

Mit dabei: Opa und Omo, Tante und Onko, und ich war sehr ferreroh, dass ich pünktlich war, doichmanchmal länger schlafe und dann ver-penny.

So eine Krönung ist teuer, so was leistet sich ein Arma nie. Die Feier fanta statt am Lego maggiore.

Wie finden Sie die Pointen bis jetzt? Gefallensina? Weißt, im Grunde isses milupa, Sie sind ehrlich. Und scho getten die Geschichte weiter… Wenn ich dura zell, wasa ich da erlebt hab. Hanuta Lust drauf? Es war nicht im Januar, Februar oder März. Es war Pril.

EIN BÄR AUS DEM SIBIRISCHEN

Ein Bär aus dem Sibirischen
hat Hunger, einen tierischen.
Der Grund, warum er hungerte:
Weil er solang rumlungerte.

Drum ging der Bär dazu übär,
nach Häppchen umzuschaun
und stand schon bald im Wald,
macht Halt: vorm Medizinballbaum.

Ein Medizinball hing noch dran,
er pflückt und stopft ihn rein,
er schlingt die braune Kugel,
um dann furchtbar laut zu schrein!

Er hörte nie mehr auf zu schrein,
von dem Moment war klar,
dass er aufgrund der Kugel nun
ein Kugel-Schrei-Bär war.